マンガ
推理クイズブック

日本テレビ 編

西東社

突破交番のおもな登場人物

松陰寺太勇　岡部大　兼近大樹

もくじ

プロローグ　「突然消える!? ひったくりゴーストバイク、出動！」	4
ファイルNO.1　突破クイズ！「突然消える!? ひったくりゴーストバイクを追え！」事件	11
ファイルNO.2　突破クイズ！「サーファーを狙った車上荒らし!?」事件	20
ファイルNO.3　突破クイズ！犯人たちがサーファーの暗証番号を知る手口とは!?	31
ファイルNO.4　突破クイズ！「旅行中の留守の家に連続放火!?」事件	40
ファイルNO.5　突破クイズ！旅行中で留守の家を犯人が特定できた理由とは!?	47
ファイルNO.6　突破クイズ！「街中で暴れる競走馬をつかまえろ!!」事件	58
ファイルNO.7　突破クイズ！脱走した競争馬を、落ち着かせてつかまえる方法とは!?	67
ファイルNO.8　突破クイズ！「アワビの密漁犯グループを逮捕せよ！」事件	78
	85

突破レベルをチェック!

マンガのとちゅうには、事件解決への**突破クイズ!** が待っている。**突破レベル**はクイズの正解に必要な「**ひらめき力**」「**観察力**」「**推理力**」を、5段階のレベルであらわしたものだ。
本の後半になるほど、突破レベルも上がり難しい事件になってくるぞ!

※くわしくはP10をみてみよう!

ファイル NO.6 「超危険!? 工場連続爆発の謎!!」事件 …… 102

突破クイズ! 密漁犯たちが警察を監視していた方法とは!? …… 111

ファイル NO.7 新コーナー 空港税関 「密輸犯が隠した薬物を探せ!」事件 …… 122

突破クイズ! 工場の爆発事件が連続で起きた原因とは!? …… 135

突破クイズ! 密輸犯は不正薬物をどこに隠していた!? …… 150

突破クイズ解答チェックリスト …… 158

突破コラム

犯罪に巻きこまれないためには? …… 28
暗証番号を知られると超キケン! 発生増加!? ドロボウによる空き巣事件 …… 46
危険な野生動物に出会ったらどうする? 命を落とす危険も! …… 64
意外と身近に起こる!? 爆発に気をつけよう …… 84
海では安全に気をつけよう …… 108
空港の税関ってどんな仕事? …… 132
…… 156

※本書のマンガの内容は事実に基づき再構築・脚色をしております。

これは『突破力』を身につける物語

舞台は **突破交番**

うーん…

いったいどこに消えたんだ…?

兼近 大樹
普段はチャラいが
事件が起きると
頼りになる警察官

これだけ探しても見つからないとは…

松陰寺 太勇
自分のことを
「ふぉれ(俺)」と呼ぶ
癖が強い警察官

ここで突破クイズ！

ひったくりゴーストバイクが姿を消した方法とは!?

ヒント1　犯人のバイクが消える瞬間をまだ誰も目撃していない。

調べてみると目撃者はいなかった。つまり、バイクが「突然消えた」ように見えたが、実際には「目撃者が気づかない形で消えている」可能性が高そうだ。

一体、犯人はどんな方法を使って消えたのだろう…？

ヒント2　犯人がその場に隠れたり、道を外れて逃げたりした形跡はない。

犯人が消えた周辺をすぐに調査したが、犯人は見つからず、また逃げた形跡もみつからなかった。

そうだ、近くには高い壁があったはず。ということは、わずかな時間で道を外れて逃げるのは無理だな。

ヒント3 だとすれば、犯人は追ってきた松陰寺巡査とすれ違っていることになる。

そう、「隠れてもいない」「道をはずれて逃げた形跡もない」となれば、犯人は道なりに進んだということしか考えられない。しかし松陰寺巡査は犯人とすれ違わなかった。

となれば犯人は「消えた」わけではなく、もしかして…

ヒント4 犯人のバイクが姿を消した場面では毎回、とあるものを見つけることができる。

追加の調査で、犯人が消えた現場には毎回あるものを見つけられることが分かった。このことが事件のカギになりそうだ。

答えがわかったら次のページに進もう!

やっぱゴーストバイクの姿が消えるのはちゃんとトリックがあったんすね

なかったらそれはただの幽霊だからな

あはは～

それもそっすねー

い…今のも何らかのトリックっすよねっ

ま…まあ…犯罪をしないなら…

!?

突破!

ファイルNO.1
「突然消える!?ひったくりゴーストバイクを追え!」事件　終わり

突破コラム 犯罪に巻きこまれないためには？

ひったくり対策は油断をしないこと

2024年、ひったくり事件は約550件起きている。5年前にくらべて、3分の1とへってはいるが、道を歩くときには気をつけなくてはいけない犯罪だ。

さっと荷物をうばわれる

ひったくり犯はサイフや大事なものが入ったバッグをねらう。手にもったスマートフォンがねらわれることもある。

人通りの少ない夜間の道路で、ひったくりは起きやすい。ひったくりをねらう犯人は歩いたり、バイクに乗って後ろから近づき、さっとバッグをうばう。自転車に乗っていて、信号まちをしているときなど、前かごにいれた荷物をとられるケースも多い。

ながら歩きはやめよう

ここまで見てきたとおり、ひったくり犯は油断している人をねらってくる。つまり、ひったくりの対策は油断しないことだ。

まず「自分もひったくり犯にねらわれる可能性がある」と注意しよう。できるだけ明るくて人通りの多い道を通ること。手荷物はバイクにうばわれないよう歩道側でもつこと。ショルダーバッグはたすきがけにすること。

ひったくり犯は後ろからちかづく。ときどきふりかえって、あやしい人がいないか確認しよう。「音楽を聞きながら」「スマホを見ながら」の「ながら歩き」はまわりのようすがわかりにくくなるのでやめること。

もしねらわれたら

もし手荷物をとられても抵抗したり、犯人を追いかけない。荷物ごと引きずられて転び、ケガをすることがあるためだ。まずは大声を出して、事件が起きたことをまわりに知らせよう。犯人と乗り物の特徴をおぼえて、警察につたえることも大切だ。

ひったくり犯はこんな機会を待っている。

ひったくり犯に油断を見せないように。

危険な時は自分で自分を守る

犯罪にまきこまれないための用意をしておこう。たとえ子どもであっても、自分の安全は自分でも守れるのだ。

防犯ブザーを使おう

事件にあったとき、とっさに声が出なくても、防犯ブザーのひもをひっぱれば大きい音を出せる。まわりに事件をしらせることができるのだ。危険を感じたときもブザーをならそう。犯人は人に見つかりたくないため、犯罪をやめさせることができるのだ。

目立つところにつける

ならしたらすぐにげよう

街中のあやしい場所を確認

街中には、木の多い公園や人気のない道など、まわりから見えにくく、犯罪者がひそむ危険な場所がある。親といっしょに街中を歩いて、危険な場所を確認しておこう。

「名前」に注意

持ち物に名前を書くときは、他人から見えない場所に書くこと。犯人に名前が知られて、犯人に自分の名前でよびかけられたら、「知ってる人かも…」と安心してしまう。それが危険なのだ。

薄暗い道
見通しの悪い公園
駐車場
人のいない駐輪場

あらかじめ危険な場所を調べておこう。

こんなワザも 防犯カメラの役割は？

電柱や駅・コンビニには防犯カメラがつけられている。なぜ必要なのか。それはカメラがとった映像が犯罪の証拠になるためだ。犯罪者はそれをいやがり、防犯カメラの前では事件を起こさなくなる。防犯カメラのあるところには「防犯カメラ設置場所」の看板がある。

一見カメラに見えない防犯カメラもある。

おぼえておこう「いかのおすし」

犯罪にまきこまれない方法として、「いかのおすし」という言葉をおぼえておこう。自分の身を守るための行動が学べるぞ。

いか　ついて「いか」ない

「犬をさがしてほしい」など、やさしそうな人にどんなことを言われても、知らない人にはついていかない。

の　車に「の」らない

知らない人の車に乗らないこと。車につれこまれないよう、車から2mはなれるか、車と反対方向ににげよう。

お　「お」おごえを出す

「あぶない」と思ったら、大きな声で「たすけて」とさけぶか、防犯ブザーをならす。

す　「す」ぐにげる

「あぶない」と思ったら、その場からすぐに大人がいるところににげること。

し　大人に「し」らせる

「知らない人につきまとわれた」「声をかけられた」など、自分が「いやだ」「こわい」と思ったことは、その日のうちに大人の人に話しておこう。そうすれば大人たちが「あやしい人がいる」と、はやめに用心するようになる。どんなことがあったのか、時間と場所、あやしい人の特徴を、親につたえよう。もしいそがしくて、親につたえられない時は、学校の先生に話してもよい。

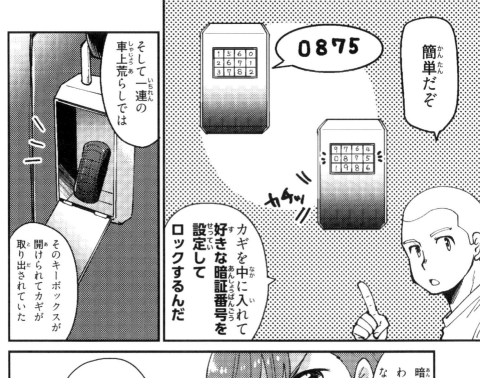

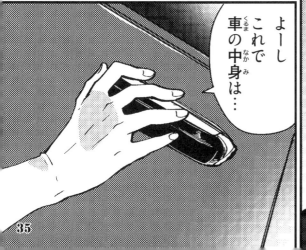

ここで突破クイズ！
犯人たちがサーファーの暗証番号を知る手口とは！？

ヒント1 犯人たちは四ケタの暗証番号を入力して、キーボックスを開けた。

四ケタの暗証番号の組み合わせは一万通りある。犯人はたまたま当てたわけでなく、開けられる番号を知っていたようだ。

すべての暗証番号を試すのは、時間がかかりすぎるからな

ヒント2 犯人がいうには、サーファーの暗証番号はわかりやすいらしい。

サーファー共通の番号があるってことか…？

キーボックスの暗証番号は好きな番号を設定できる。サーファーがよく使う数字の並びがあり、そこから開けられる番号を当てたのかも…。

わかりやすい番号…!?

ヒント3 暗証番号を忘れないようにするにはどうすればいい?

複雑な暗証番号では、サーフィンをしているうちに忘れてしまう。忘れないよう、覚えやすい語呂合わせの数字を使ったのかも…。

とはいえ簡単すぎる暗証番号も、ふつうはさけるはずだよな

ヒント4 サーファーならどんな語呂合わせの数字を使うだろうか。

海やサーフィンに関係する言葉から語呂合わせを考えてみよう。それがサーファーがよく使う暗証番号のヒントにつながるはずだ。

答えがわかったら次のページに進もう!

突破コラム 暗証番号は知られては超キケン！

ばれやすい暗証番号は使わないようにしよう

マンガではキーボックスの暗証番号がやぶられて事件が起こった。暗証番号を他人に知られたら大変なことが起こると知っておこう。

意外と身近な暗証番号

スマートフォンを使うとき、画面がロックされているときがある。これを使えるようにするのが「暗証番号」の身近な例だ。

たとえば銀行では、現金自動預け払い機にキャッシュカードと4ケタの数字の暗証番号をいれると、自分の貯金からお金を引き出すことができる。

そのため、暗証番号を他人に知られないようにすることが大切だ。もし暗証番号が他人にばれたらどうなるか。銀行のキャッシュカードがぬすまれたとき、かんたんにお金を引き出されてしまうのだ。

ぼくの誕生日は1月1日だし暗証番号は「0101」でいいかな…

誕生日などの暗証番号は他人にばれやすい

悪用されやすい暗証番号

暗証番号がばれるわけないと思うかもしれない。しかし「誕生日」「電話番号」「住所の番地」など、自分にまつわる数字を暗証番号に使った場合、自分の個人情報を手がかりに、犯人にいろいろためされて、暗証番号がばれることもあるのだ。

暗証番号はぜったいに他人に教えないこと。自分にまつわる数字を暗証番号に使わないことをおぼえておこう。

こんな事件も 4ケタの暗証番号は何通り？

マンガで出てきたキーボックスは暗証番号が4ケタだ。つまり0000から9999までの1万通りの組み合わせの1つがボックスを開ける正解となる。さて1万通りなら、時間をかければボックスはいずれ開くはず。実際に4ケタの暗証番号なら、7時間ほどで開けられたという実験結果がある。

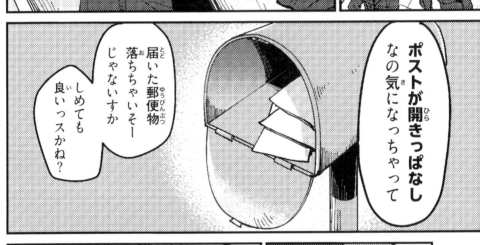

ここで突破クイズ！
旅行で留守中の家を犯人が特定できた理由とは!?

ヒント1 放火の犯人は一人ではなく複数人だったようだ。

火事が起きた家は旅行中で留守のはずなのに火事が起きた。火事の直前、家の中に複数の人影が目撃されており、放火の疑いが強い。

だが…通報者の話だと火災発生時家の中に複数の人影があったらしい

犯人たちはある犯罪を計画していたようだ…

ヒント2 なぜ犯人は、わざわざ留守の家に火を放ったのだろう。

犯罪の証拠をかくすため、火をつけたのかも…

放火された家を調べたところ、テレビや絵画など「家にあるはずのもの」の燃え残りが見つからなかった。ならば、犯人のねらいは…？

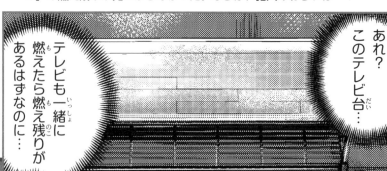

テレビも一緒に燃えたら燃え残りがあるはずなのに…

あれ？このテレビ台…

ヒント3 被害にあった家は留守とわからないよう防犯対策をしていた。

被害者は長期間留守とわからないよう、「照明をつけておく」など対策をしっかりしてから旅行に出かけたという。

ヒント4 またポストに新聞がたまらないように、新聞会社にお願いしていた。

被害者には共通点がある。それは新聞の配達停止といった空き巣対策をしっかり行ったという点だ。それにもかかわらず、逆に犯人に狙われてしまったのだ。

答えがわかったら次のページに進もう！

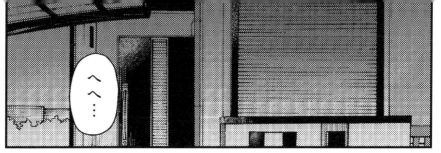

突破コラム 発生増加!? ドロボウによる空き巣事件

ドロボウの4分の1が空き巣ねらい

ドロボウ(侵入窃盗)の4分の1が、留守の家をねらった空き巣狙い。1日当たり32件も起こっている計算だ。どうしたら空き巣をふせげるだろうか。

空き巣は下見をする

空き巣犯は、手当たり次第にねらわず、「留守かどうか」「入りやすいかどうか」「にげやすいかどうか」など、下見をしてから犯行におよぶ。「インターホンをおして反応を待つ」「夜間にあかりがついているか見張る」といった、留守かどうか確認するワザもあるんだ。

空き巣犯が侵入する方法は「カギのしまっていないところから入る」「窓ガラスをやぶる」「ドアのカギをやぶる」など。短時間で家に侵入しようとするんだ。

空き巣をふせぐためには

どうやったら空き巣をふせげるか。空き巣犯は家への侵入に「5分」かかると、7割が空き巣をあきらめるという。なので、短時間で家に入られないように、ドアや窓に補助のカギをつけたり、窓をわれにくくする防犯フィルムをはるとよい。

また空き巣の犯人は「近所の人から声をかけられたり、見られたりする」ことをなによりもきらう。そのため、日ごろから近所の人たちと声をかけあってなかよくなり、あやしい人を見分けやすくするのも大切だ。

◀❶窓ガラスに空き巣対策▶

空き巣犯に窓をやぶられないよう、防犯フィルムや補助カギをつけよう。

◀❷近所と交流して空き巣対策▶

空き巣犯は下見をする。近所と交流して不審者を見分けられるようにしよう。

ドロボウは最近ふえている

他人の家に侵入して物をぬすむ犯罪(ドロボウ・侵入窃盗)は増えつつある。どんな犯罪が多いのか、データを見ていこう。

また空き巣被害がふえてきた

空き巣の被害は20年前は年間で約10万件を超えていたが、10年前は約3万件、最近は約1万件とへってきている。しかし空き巣被害は再びふえはじめてきた。2023年は44分に1件のペースで空き巣が発生した計算だ。

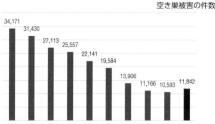

空き巣被害の件数

住宅への強盗がふえている

凶悪な事件も起こっている。「住宅を対象とした侵入強盗」だ。家に人がいても、宅配業者になりすましたり、窓を破壊して家におし入り、住人をおどして物をぬすむんだ。2023年は住宅への強盗が131件も起こった。

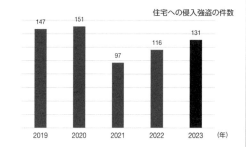

住宅への侵入強盗の件数

マンションも要注意

去年は一軒家で約8000件、共同住宅で約3700件が空き巣の被害にあっている。共同住宅ではカギのしまっていないドアからの侵入が目立ち、ごみ捨てや買い物など短時間の留守でもねらわれる。カギはかけよう。

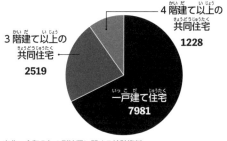

出典:令和5年の刑法犯に関する統計資料

こんなワザも　強盗にあったらどうする?

家にいるとき時、強盗におしいられた場合はどうするか。まずは自分の命を守ることを考え、犯人を刺激せず、にげることを第一に考えよう。凶器をもっているため、様子をみたり、反撃はやめよう。110番に電話をかけるのは、安全な場所に避難してからでもおそくない。日ごろからにげるルートを考えておこう。

留守番のときに気をつけること

あやしい人に家におしいられる危険がある。子どもだけで留守番するときの注意点を見ていこう。

帰りは後ろをふりかえる

あやしい人があとをつけて、家に入るときにいっしょに入ってくる危険がある。帰るときに何度かふりかえり、あやしい人がいないか確認しよう。

カギを見せない

他人に見えるところで家のカギはもつと、あやしい人に留守番と気づかれてしまう。使う直前までポケットやランドセルから出さないようにしよう。

家に入る前はまわりを確認

家に入るとき、いっしょにあやしい人が入ってくる危険がある。家に入る前はまわりを見て確認しよう。

ただいまと家に入る

家に入るときは家の中にだれもいなくても、大きな声で「ただいま」といって家に入り、すぐカギをかけよう。

家のカギをかける

家に入ったら、ドアのカギ、窓のカギなど、すべてのカギをかけておくのが大切だ。

インターホンに出ない

子どもだけでインターホンに出ない。あやしい人が宅配便の人だとウソをついて家の中に入ろうとする危険があるためだ。

明かりやテレビをつける

家の明かりやテレビをつければ、家の中に人がいるように見える。防犯に役立つんだ。

家の電話に出ない

家に置いてある電話に出ない。家にいるのが子どもだけと知られないようにするためだ。

ここで突破クイズ！
脱走した競走馬を、落ち着かせてつかまえる方法とは!?

ヒント1 馬の視界は350度。気づかれずにつかまえるのは難しい。

馬は正面を向いていても、馬の目はほぼ全方向を見ることができる。つかまえようとして、うしろから近づいても気づかれてしまう。

馬の視界は350度で真後ろ以外はすべて見えるらしいです

馬に気づかれないよう近づくのは無理だ…

ヒント2 馬はたくさんのものが見えているせいで、パニックを起こしやすい。

馬の視界は広く、見えるものが多くなるため、不安を感じやすい。パニックになると、馬は我をわすれて人の手に負えなくなってしまう。

パニックのままでは、人も馬も命が守れないな…

色んな物が見えすぎてパニックになりやすい

馬は視界が広いせいで

78

ヒント3 パニックになった馬を落ち着かせるにはどうすればいい?

パニックを起こす原因をとりのぞけば、馬は落ち着く。目をふさぐなどして、馬の視界をせまくすれば、パニックをおさえられるかもしれない。

とはいえ、馬に飛び乗ってめかくしするのは無茶すぎる…

ヒント4 マンガを読み直して、馬のめかくしになるものを探してみよう。

たとえば競走馬は「ブリンカー」というマスクをつけて、馬の視界をせまくする。街の中に馬の視界をせまくするアイテムが何かないだろうか。

答えがわかったら次のページに進もう!

突破コラム 危険な野生動物に出会ったらどうする

動物を興奮させる行動はやめよう

野生の動物にばったり出会ったらはどうすればよいか。大声を上げる、物を投げるなど動物を刺激する行動はやめよう。ちかづいたりエサをやるのもダメだ。

⚠ クマ

クマは人をおそおうと思っていないが、おどろかすと興奮し、あばれて危険だ。クマを刺激しないように、クマの方を見ながらゆっくりと後ろに下がろう。

⚠ イノシシ

イノシシは歩いているなどふつうの状態ではおそいかかってこないので、落ちついてしずかに立ち去る。そのときイノシシのにげ道をふさがないよう注意しよう。

⚠ サル

サルの目は見ないこと。目をあわせるとサルは「何かされる」と思い、目をそらしたときにおそわれる場合がある。落ちついてしずかに立ち去ろう。

⚠ カモシカ

人はおそわない動物で、人に出会ったら山に帰ろうとする。そのにげ道をふさがないようにして見守ろう。興奮するので近づくのもやめよう。

⚠ 野生のキツネに注意

野生のキツネやそのふんにさわったりすると、エキノコックスという寄生虫に感染し病気になるかもしれない。肝臓に寄生し、5〜10年後に病気に気づくというやっかいな病気なので、むやみに野生のキツネにはさわらないようにしよう。

一週間後

あれから漁港のパトロールを強化してますけど…犯人たちの気配は全くないですね

もう密漁をやめた可能性はないですか?

いやそう決めつけるのは早い

海上も警備艇が巡回しているが…

密漁犯の報告はないな

ここで突破クイズ！
密漁犯たちが警察を監視していた方法とは!?

ヒント1 ドローンで犯人を見つけた時はまだ密漁をやめていなかった。

警察はドローンを使って、空から密漁を監視した。そのかいあって、密漁の現場を見つけることに成功した。

密漁の現場はすでにおさえているぜ！

ヒント2 しかし、密漁犯たちは警察がつかまえにくることを知っていたようだ。

密漁犯は岡部巡査たちの動きを見通して、証拠となる密漁アワビをすてたようだ。なんらかの方法で警察の動きを「監視」していた可能性が高い。

どうもこっちの動きが丸見えのようだ…

ヒント3 しかし、海岸には監視役と思われる人間はいなかった。

岡部巡査たちはパトロールを行ったが、密漁犯は一瞬のスキを見のがさず密漁を行った。海岸には長時間監視しているようなあやしい人影はいなかったのに…。

パトロールしてたのに、密漁事件が起こってしまった…なぜだ?

「先回りして犯人を確保するんだ! ふぉれもドローンを回収したらすぐ行く!」
「はい!」

ヒント4 監視は人がやらなくてもよい。

ドローンで犯人たちの密輸の現場を見つけたように、密漁犯も機械を使った監視をしている可能性が高い。その方法とはいったいなんだろうか。

海岸にいなくても監視できる方法か…

そういえばあの時…! そうか、そういうことだったのか!

「今日は海上の警備艇も出ていません」
「犯人たちからしたら絶好のチャンスのはず!」
「ドローン…ですか!」

答えがわかったら次のページに進もう!

突破コラム
命を落とす危険も！海では安全に気をつけよう

安全を守る人がいるから海遊びができる

海水浴場では、泳げる場所と泳げる期間が決まっている。海はどこも同じに見えるのになぜ決まりがあるのか。その理由を知っておこう。

実は海はあぶない場所

実は、わたしたちが海で泳いで遊べる期間は決められている。なぜなら、海で泳ぐのは危険だからだ。

海開き期間中の海水浴場は「安全」が守られる。安全に海遊びできるエリアをつくり、つねに監視員やライフセーバーが見守ってくれる。万が一、人がおぼれても助けてくれるんだ。天気が悪い日はおぼれる危険が高くなるため、遊泳を禁止する判断も行う。

なぜ安全を守るのか。海はプールとちがって、海は波打ち際でも足がとどかない深みがあったり、**泳ぎがうまい人でも波や流れにまきこまれて、おぼれてしまう**ためだ。

近年はへってきたが、過去には全国の海水浴場で約3000人の救助が行われたシーズンもあったという。

安全に海遊びを楽しもう

海水浴場以外の海はなぜ危険なのか。一見安全そうでも、**安全が守られていない海には監視員やライフセーバーはいない**。おぼれても助けてくれる人はいないのだ。

なので**遊泳禁止の場所では泳がないこと**。海で泳ぐときは**海開き期間中の海水浴場に行くこと**。万が一おぼれたときに気づいてもらえるよう、**1人での行動はやめること**。そして、海で「あぶない」を感じた時の「助けてサイン」もおぼえておこう。

遊泳エリア
海水浴場では、きちんと監視員の目がとどくよう、旗とロープで泳げるエリアを区切っている。（ロープのない海水浴場もあるので注意）

ロープ

旗

監視タワー
海水浴場では、高い所からライフセーバーが安全を見守っている。

海水浴場はキケンがないよう安全が守られているんだ。

108

海水浴での事故はどういうときに起こる？

実は、海の事故の大半は海水浴場で起きている。どんなことが原因で海での事故は起きるのか、知っておこう。

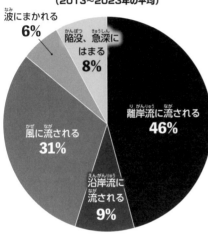

海水浴場での救助(おぼれ)の原因
(2013〜2023年の平均)

- 波にまかれる 6%
- 陥没、急深にはまる 8%
- 離岸流に流される 46%
- 沿岸流に流される 9%
- 風に流される 31%

資料：日本財団 海のそなえプロジェクト

上のグラフは、海水浴場でライフセーバーが救助した人たちの事故原因だ。「離岸流で流される」と「風に流される」が大半をしめている。また別の調査では、沖に流されて救助された人の大半は「うきわ」や「フロート遊具」といった水に浮くものを使っていたという。「フロート遊具」は風の影響を受けやすいと知っておこう。

「離岸流」とは？

離岸流とは、海岸から沖に向かう強い海水の流れだ。流れに乗ると沖に流されてしまう。離岸流の範囲はせまいため、さからっておよぐのはやめよう。あわてずに岸と並行に泳いで、沖向きの流れからぬけだそう。

「フロート遊具」に注意

フロート遊具は風の影響を受けやすく、風で沖に流されたり、水におちやすい。もし風に流されてもフロートからおりず、救助をまとう。

こんなワザも 「助けてサイン」とは？

海水浴場で身の危険を感じた時は、片手を大きく左右にふる「助けてサイン」を出そう。サインに気づいたライフセーバーが助けにきてくれる。ただし、おぼれている状態で手をふると、体がしずんでしまってあぶない。「足がつった」「沖に流される」「クラゲにさされた」などのトラブルにあった時にサインを送ろう。

大きく手をふり助けを求めよう。

こんなことも密漁になる！？

アワビ以外でも、必要な手続きをとらずに海の生物を捕まえたら「密漁」となる場合がある。どんな生物はダメなのだろうか。

密漁とは？

日本の沿岸には、いろいろな魚がくらしていて、わたしたちでも捕まえられる生物もいる。一方で、みんなで海の生物をとりつくしてしまわないように漁業権という法律を作り、漁師以外の一般の人が自由に捕まえてはいけない生物を決めている。その法律をやぶって海の生物を捕まえることを「密漁」とよぶんだ。

アワビ、ナマコ、シラスウナギは、自分で食べる用でも、捕まえたら法律で罰せられる。

アワビ、ナマコ…捕まえていけない海の生物

密漁の発生件数は、1年で2621件（2024年）。なかなかへらないのが現状だ。

とくに「アワビ」、「ナマコ」、「シラスウナギ（ウナギの稚魚）」の密漁がたくさん起きている。そのため、許可なく勝手にこれらを捕まえること自体が禁止されている。もし違反した場合は、3年以下の懲役または3000万円以下の罰金となる。自分で食べる用でもダメなんだ。

また海の沿岸には、海の生物をとりつくさないよう、漁師以外の一般の人が勝手に捕まえると「密漁」となる場所がある。そこでは「アサリ」「タコ」「サザエ」「ハマグリ」「ウニ」「ワカメ」「コンブ」「イセエビ」などを勝手に捕まえると密漁となり、罰せられるんだ。

潮干狩りは問題ない？

海岸の砂浜で貝をとる潮干狩り。3月〜6月がシーズンとなるが、「密漁」にはならないのだろうか。実は「潮干狩りが許可されていない場所」で、「アサリ」「ハマグリ」などをとったら密漁になるんだ。自治体や漁業組合が「貝をとってもよい」と許可を出している潮干狩り場なら問題ない。

潮干狩り場でも、貝をとりつくさないよう、さまざまなルールがあることもおぼえておこう。

110

ここで突破クイズ！
工場の爆発事件が連続で起きた原因とは!?

ヒント1 爆発は連続で起こったが、放火ではないようだ。

警察が工場の人たちを調べたところ、あやしい人はいなかった。わざと工場を爆発させた可能性は低いようだ。

連続爆発といっても、事件性はなさそうだ…

ヒント2 照明のスイッチを押すと火花が散ることがある。

爆発は、工場の照明のスイッチを押したときに起きた。照明のスイッチを押すと火花が散ることがあり、それが爆発しやすいなにかに燃えうつったようだ。

火花が原因なら、爆発はやっぱりガスによるものと考えるがふつうだ…

どうですか?

警察のみなさんの予想通りでした

ガス漏れしているとみて間違いありません

突破コラム ⚠

意外と身近に起こる！？爆発に気をつけよう

ポップコーンで爆発のキホンを学ぼう

マンガではもれ出たガスが原因で工場が大爆発を起こした。なぜ爆発は起こるのか、そのキホンを知っておこう。

ポップコーンは爆発でできる

爆発とは、「大きくて急ではげしい圧力の変化」が起こす現象だ。圧力とは、ある面積にはたらく力の大きさのこと。想像しやすいようポップコーンの作り方で、爆発のキホンを学ぼう。実はポップコーンは「水蒸気爆発」で作る食べ物なのだ。

ポップコーンは、爆裂種というかたいトウモロコシのつぶで作る。爆裂種のつぶをフライパンなどで熱すると、つぶの中に含まれる「水」が「気体となった水（水蒸気）」に変わる。このとき、水が液体から気体に変わると、水の大きさが約1700倍にもふくれ上がるんだ。

最初はかたい部分によって「水蒸気」は外に出られない。しかし、水はどんどんふくらむので、つぶの内側をおす圧力はどんどん上がる。やがて圧力に負けてつぶはわれてしまい、水蒸気がとび出す時に「ぽんっ」という音をたてて、ポップコーンができあがる。これが「水蒸気爆発」だ。

工場の爆発のながれ

工場の爆発も、ポップコーンと同じ流れだ。たくさんもれ出たガスに火がつくと、火が一瞬で燃えひろがる。すると、工場内の空気が熱くなり、一気にふくらむことで、急にはげしく工場の内側で圧力が上がる。その急上昇した圧力が、工場を破裂させるのだ。

ポップコーンは爆発でできる

①爆裂種を熱する。

②つぶの水が水蒸気に変わり、どんどんふくらむ。

③水蒸気の圧力でかたい部分がやぶれ、中身がとび出る（水蒸気爆発）。

気をつけよう！身近な爆発

爆発は身近でも起きる現象だ。爆発によって、家が燃えたり、ケガをしたりすることもあるので注意しよう。

◀スプレー缶を温める▶

スプレー缶を温めてはいけない。ガス缶が熱くなると中の液体が気体に変わって容器内の圧力が高くなり、破裂するためだ。

◀金属製の缶に洗剤を入れる▶

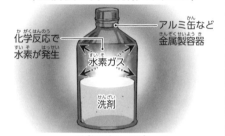

ジュースなどの金属製容器に洗剤を入れてはいけない。洗剤の成分と金属が化学反応を起こし、水素ガスがたまって破裂するためだ。

◀ボタン電池が破裂▶

使用ずみのボタン電池をまとめておくと、重なった電池の間で電流が流れて電池が熱くなって中でガスが発生・破裂する。火災の原因になることも。

◀電子レンジで生たまごを温める▶

電子レンジで生たまごを温めると、水分をもつ黄身と白身が熱せられてかたまるため、水蒸気がぬけ出せなくなり、圧力が高まって破裂する。

こんな事件も　スプレー缶が破裂するとどうなる？

冷却スプレーやヘアスプレーなど「スプレー缶」には「温度が40度以上となる場所に置かないこと」と注意書きがある。熱すると内部のガスがふくらみ、圧力が高まりつづけ、破裂するためだ。破裂すれば、缶の中から吹きだした可燃性ガスが燃えて火事の原因となったり、破裂した缶も家をこわすほどの力でとびちる。スプレー缶をストーブや火のそばに置いて、温めないように注意しよう。

もし火事が起きたらどうする？

スプレー缶が爆発するなどして、もしも身近なところで火事が起きたらどうしたらよいか、火事への対応を知っておこう。

①早く知らせる

自分だけで火を消そうとしてはダメだ。火事を見つけたら、「火事だ！」と大声でまわりの大人に知らせよう。非常ベルを鳴らしてもよい。

②避難する

火事で出るけむりをすってしまうと、命のキケンがある。けむりは上にあがるので、ハンカチや服を口と鼻にあてて、低いしせいになってにげよう。

③119番に電話

119番に電話する場合は、安全な場所に避難してから、電話をかけよう。あわてて話すと相手にうまく伝わらないので、落ちつくのが大切だ。

◀119番とのやりとり▶

119番消防です。火事ですか。救急ですか。

火事です。

消防車が向かう住所を教えてください。

突破市〇〇町〇丁目〇番〇号です。

何が燃えていますか。

向かいの家が燃えています。

⚠ もしも服に火がついたら…

万が一、服のそでなどに火がついた場合、水があるなら水をかけて消そう。もし水がない場合、タオルやかばんなど、自分のもちものを使って、火をたたいて消そう。背中に火がついた場合、地面に転がる、背中を壁にこすりつけるなどして、火を消そう。

134

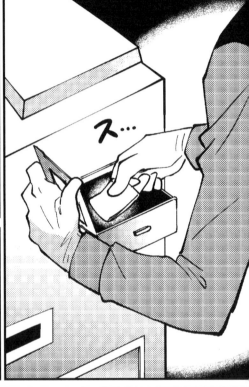

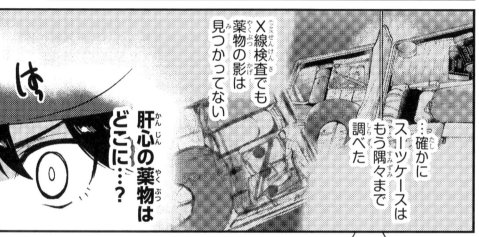

ここで突破クイズ！

密輸犯は不正薬物をどこに隠していた！？

この後も商談がありまして

ヒント1 プレゼント用の腕時計。しかし十個も詰めこまれているのは不自然ではないだろうか。

同じ箱が十個…

あの人の反応からしてもちょっと怪しいのよね…

販売目的ですか？免税範囲を超えるようなら申告が必要です

腕時計はふつうは1つか2つで十分なはずで、プレゼント用にしては数が多すぎるため。別の目的がある可能性が高そうだ。

ヒント2 プレゼント用としては、腕時計の梱包はやけに雑だった。本当にこれはプレゼント用なのだろうか。

プレゼント用…それにしては包装が雑な気が…

それにこの腕時計新品のはずなのに傷がついてる…？

もし本当にプレゼント用なら、しっかりした包装がされているはずだ。このことからも別の目的があると考えられる。

やはり、腕時計には絶対何かあるはずだわ

150

ヒント3 腕時計は怪しい。だがX線検査をしても、怪しい影はみつからなかった。

X線検査をしてみたが、怪しい影は見つからなかった。腕時計には何もないということなのだろうか。

「怪しい影はなし…か」

「いや待って、何か見落としている気がする。…そうか!」

ヒント4 腕時計には細かな傷がいくつもついていた。

腕時計は新品なはずなのに、表面に傷がついているようだ。何のときについた傷なのだろうか。

「…わかったわ! あの人はやっぱり隠している。」

「X線検査も、きっと最初から想定していたのね!」

答えがわかったら次のページに進もう!

突破コラム 空港税関ってどんな仕事?

持ちこんではいけないものをふせぐ仕事

空港税関とは、飛行機の乗客・乗組員の手荷物を調べて、「持ちこんではダメなもの」が外国から日本に入ってくるのをふせぐ仕事だ。

密輸を取りしまる

海外から「持ちこんではダメなもの」をこっそり日本に持ち込む犯罪を「密輸」とよぶ。空港や港などではたらく税関職員は、日々、密輸を取りしまっている。

日本に持ちこんではダメなものはたくさんある。たとえば、拳銃・爆発物といった危険なものや、覚せい剤・麻薬などの不正な薬物といった「わたしたちの健康や安全をおびやかす品物」は持ちこみが禁止されている。

偽札、有害な図書、偽ブランド品、売買が禁止された動物・植物といった「社会に悪い影響をあたえる品物」も日本には持ちこめない。海外でお土産で買ったハーブや入浴剤でも、不正な薬物が含まれているなら、持ちこみは禁止だ。うっかり買ってしまった品物もだめなんだ。税関職員は目を光らせて「持ちこみ禁止の品物」を見つけ出すんだ。

税関の検査はどうしてる?

空港での税関検査は、旅行者の手荷物を調べるのが基本となる。旅行者に質問しながら、カバンなどの手荷物を実際に開けて、持ちこみ禁止の品物がないか調べる。検査では、X線検査装置を使い、中身を透過して調べるワザもある。

また、税関には約130頭の麻薬探知犬がいて、不正薬物の密輸を阻止するため、空港や港、国際郵便局など様々な場所で活動している。実は不正薬物の密輸は年々増えており、毎年2トン近い不正薬物がみつかるという。このように、税関は日本の安全を守っているんだ。

手荷物検査で調べ、密輸品を見つけ出す。

麻薬探知犬は人間の数千〜数万倍の嗅覚で麻薬をさがし出せる。

海外から日本に持ちこめないものがある

病気をもたらす病原菌や害虫が海外から入りこむのをふせぐため、空港などでは「検疫」が行われている。おみやげであっても、日本に持ちこめないものもある。

海外から帰国したら…

靴ぞこの消毒
土には病原菌や害虫がまぎれている可能性があり、靴についた土をしっかり落とす。

人間の検疫
海外から病原菌を持ちこまないよう、帰国者が病気にかかっていないか検査を行う。

ダメな食品をゴミ箱に
海外で買ったカットフルーツ、機内食の肉製品も持ちこめない。専用のゴミ箱が用意されている。

探知犬が確認
手荷物検査場などでは、検疫が必要なものがないか、探知犬が見回り、かぎ分けている。

肉製品の検疫
ハムやソーセージなど加工された肉でも病原体がひそみ、国内の動物に病気をうつすおそれがある。それをふせぐため、ほとんどの肉製品は日本に持ちこめない。

果物・植物の検疫
海外から害虫がついた果物や野菜を持ちこまれると、日本の植物が被害にあう。それをふせぐために、持ちこめるものかどうか、検疫所でチェックを行う。土のついた植物はNGだ。

※持ちこめる/持ちこめないものは国によって異なる。

こんなワザも 飛行機に持ちこめない荷物がある？

燃えやすいものは飛行機には持ちこめない。日常で使う道具も空を飛ぶ飛行機の中では「危険物」になるためだ。万が一の事故をふせぐために、旅客が持ちこめる荷物には世界共通のルールが定められているんだ。

飛行機に持ちこめないおもな危険物
- 高圧ガス（酸素缶、ガスボンベなど）
- 引火性液体（ペンキ、塗料など）
- 火薬類（花火、クラッカーなど）
- 可燃性物質（炭、マッチなど）
- 一部のコードレス製品（ヘアアイロンなど）

※持ちこめる荷物かどうかは、航空会社に問い合わせよう。

157

突破クイズ 解答チェックリスト

今回起こった7つの事件。ここで突破クイズと事件解決の答えを振り返ろう。

ファイルNO.1 「突然消える!?ひったくりゴーストバイクを追え!」事件 ✓

問題 ひったくりゴーストバイクが姿を消した方法とは!?

正解 バイクごと大きな車に乗りこんだ。
犯人はバイクごと待機させていた車に乗りこみ、消えたようにみせて、現場から車で逃走していたのだった。

ファイルNO.2 「サーファーを狙った車上荒らし!?」事件 ✓

問題 犯人たちがサーファーの暗証番号を知る手口とは!?

正解 サーファーが設定する暗証番号は、「1173」が多いことを利用した。
犯人は手当たり次第キーボックスに、サーファーに多い「1173」の暗証番号を入力し、開いた車を狙ったのだった。

ファイルNO.3 「旅行中の留守の家に連続放火!?」事件 ✓

問題 旅行中で留守の家を犯人が特定できた理由とは!?

正解 新聞の配達一時停止リストで特定した。
新聞販売店に忍びこみ、配達の一時停止リストを盗んで長期間留守の家を特定したのだった。

ファイルNO.4 「街中で暴れる競走馬をつかまえろ!!」事件 ✓

問題 脱走した競争馬を、落ち着かせてつかまえる方法とは!?

正解 「交通安全強化月間」の横断幕を利用した。
警察署に掲げられていた、大きな横断幕で馬の目をふさぎ落ち着かせることでつかまえられたのだった。

ファイルNO.5 「アワビの密漁犯グループを逮捕せよ!」事件

問題 密漁犯たちが警察を監視していた方法とは!?

正解 海岸にカメラを設置して、監視を行っていた。
無断で海岸にカメラを設置し、警察がきたら監視役が密漁犯に事前に知らせていたのだった。

ファイルNO.6 「超危険!?工場連続爆発の謎!!」事件

問題 工場の爆発事件が連続で起きた原因とは!?

正解 ニオイが土に吸収されてガスがたまり、その結果爆発した。
ガス管の腐食でガス漏れが生じるも、乾いた土でニオイが吸収され誰も気づかず、引火したのだった。

ファイルNO.7 「密輸犯が隠した薬物を探せ!」事件

問題 密輸犯は不正薬物をどこに隠していた!?

正解 腕時計本体の中に不正薬物を隠していた。
腕時計の電池を抜き取り、その部分に不正薬物をかくすことでX線検査で見つけにくくしていた。

「THE突破ファイル」TV STAFF

チーフ プロデューサー	新井秀和
プロデューサー	合田伊知郎、一色彩加
企画・監修	水嶋陽
協力	東京税関
マンガ	梅屋敷ミタ
マンガ シナリオ協力	波摘
イラスト	なすみそいため、宮村奈穂
カバー着彩	あめぱ
写真提供	Getty Images
制作協力	株式会社トッパングラフィックコミュニケーションズ、サナダマ
デザイン・DTP	ダイアートプランニング（五十嵐直樹、伊藤沙弥）
編集協力	堀内直哉
出版 プロデューサー	加宮貴博　飯田和弘　齋藤里子（日本テレビ）

THE突破ファイル マンガ推理クイズブック 2

2025年4月25日発行　第1版

編　者	日本テレビ［にほんてれび］
発行者	若松和紀
発行所	株式会社 西東社 〒113-0034　東京都文京区湯島2-3-13 https://www.seitosha.co.jp/ 電話　03-5800-3120（代）

※本書に記載のない内容のご質問や著者等の連絡先につきましては、お答えできかねます。

落丁・乱丁本は、小社「営業」宛にご送付ください。送料小社負担にてお取り替えいたします。
本書の内容の一部あるいは全部を無断で複製（コピー・データファイル化すること）、転載（ウェブサイト・ブロ
グ等の電子メディアも含む）することは、法律で認められた場合を除き、著作者及び出版社の権利を侵害するこ
とになります。代行業者等の第三者に依頼して本書を電子データ化することも認められておりません。
©NTV2025

ISBN 978-4-7916-3398-2